KB196325

야무지고 다정하게,
할 말은 하는
학교생활 대화법

야무지고 다정하게,
할 말은 하는
학교생활 대화법

1판 1쇄 발행일 2025년 3월 1일
글쓴이 김정 그린이 심통
펴낸곳 (주)도서출판 북멘토 펴낸이 김태완
부대표 이은아 편집 김경란, 조정우 디자인 키꼬, 안상준 마케팅 강보람 경영기획 이재희
출판등록 제6-800호(2006. 6. 13.)
주소 03990 서울시 마포구 월드컵북로 6길 69(연남동 567-11) IK빌딩 3층
전화 02-332-4885 팩스 02-6021-4885

🏠 bookmentorbooks.co.kr ✉ bookmentorbooks@hanmail.net
📷 bookmentorbooks__ 🅑 blog.naver.com/bookmentorbook

ⓒ 김정, 심통 2025

※ 잘못된 책은 바꾸어 드립니다.
※ 이 책은 저작권법에 따라 보호를 받는 저작물이므로 무단 전재와 무단 복제를 금합니다.
※ 이 책의 전부 또는 일부를 쓰려면 반드시 저작권자와 출판사의 허락을 받아야 합니다.
※ 책값은 뒤표지에 있습니다.

ISBN 978-89-6319-632-9 73190

인증 유형 공급자 적합성 확인 제조국명 대한민국 사용 연령 8세 이상
KC마크는 이 제품이 공통안전기준에 적합하였음을 의미합니다.
종이에 베이거나 책 모서리에 다치지 않도록 주의하세요.

야무지고 다정하게, 할 말은 하는
학교생활 대화법

김정 글 심통 그림

북멘토

작가의 말

건강한 관계의 핵심은 소통이야

새 학년 새 학기가 될 때마다 새로운 선생님과 친구들, 새 학급에 적응하는 것이 가끔은 힘들지? 우리는 '학교'라는 작은 사회 속에서 다양한 사람들을 만나. 사람들을 사귀는 게 즐거울 때도 있지만, 스트레스를 받기도 해. 선생님과 잘 소통하고 좋아하는 친구와 마음을 나눌 수 있다면 학교생활이 훨씬 더 행복하고 편안해질 거야.

선생님과 친구들이랑 원만하게 소통하기 위해서 중요한 건 뭘까? 그건 바로 '말하기'야. 내 생각과 마음은 나의 '말'로 가장 잘 표현할 수 있어. 표정이나 몸짓으로 마음이 드러나기도 하지만 많은 사람이 함께 생활하는 교실에서 표정에 담긴 속마음을 다른 사람이 파악하기는 어려워. 마음속으로 친해지고 싶다거나 고맙다거나 미안하다고 생각해도 말하지 않는다면 사람들에게 전해지지 않아.

이 책은 학교에서 만나는 다양한 상황에서 어떻게 말하면 좋을지에 대하여 다루고 있어. 선생님에게 예의 바르면서도 야무지게, 친구들에게 다정하면서도 필요할 때는 단호하게 말하는 법을 담았어.

4

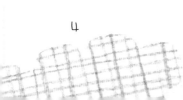

　우선, 선생님과 현명하고 편안하게 대화 나누는 법을 알아볼 거야. 담임 선생님은 네가 교실에서 의지하고 신뢰할 수 있는 유일한 어른이야. 필요할 때 선생님께 도움을 요청하거나 질문할 수 있어야 해. 선생님과 원활하게 대화하는 태도가 학교생활에 도움이 되기 때문이야. 선생님을 어려워하고 움츠러들 필요 없어. 다만, 선생님을 너무 친구처럼 편하게 대하는 건 주의해야 해. 이 책에 나오는 예문을 활용해서 선생님께 예의 바르게 내 생각을 전하는 법을 배워 보자.

　다음으로, 친구들을 존중하면서도 당당하게 말하는 법을 알아볼 거야. 친구와 대화를 나누다 보면 점점 친해지는 기분이 들어. 친구와 마음이 통할 때, 서로 다정하게 말하고 친구의 말을 잘 들어 줄 때 즐겁고 행복한 기분이 들 거야. 그런데 친하다는 이유로 서로 배려하지 않고 함부로 말할 때가 있어. 마음대로 휘두르려는 친구에게 속으로만 끙끙 앓으며 끌려다니는 친구도 있지. 이럴 때는 단호하게 너를 지키는 말이 필요해.

　처음에 악기를 배울 때 서툴다가 연습할수록 능숙해지는 것처럼, 말하기도 연습

과 경험이 쌓이면 점점 나아져. 책에 나오는 예문을 소리 내어 따라 읽으며 연습하는 걸 추천할게. 실제 상황을 상상하면서 진짜 그 상황인 것처럼 실감 나게 말해 보자. 배우들이 촬영 전에 대본 읽기를 하듯이 가족과 함께 실제처럼 연기하면서 말해 봐. 몇 번 반복해서 연습해야 자신 있게 말할 수 있어.

이 책에 나오는 예문대로 말했는데 선생님과 친구가 내가 예상한 대답을 하지 않을 때도 있어. 사람마다 처한 상황과 성격, 말하는 방식이 모두 달라서 반응도 다르거든. 예를 들어, 친구가 별명을 불러서 단호하게 하지 말라고 했어. 친구가 바로 미안하다고 할 것을 기대했는데 친구가 대답도 없이 고개를 돌리거나 오히려 화를 낼 수도 있어. 이때 기대한 답이 나오지 않는다고 해서 당황하지 말자. 다른 사람이 어떻게 반응하든 내 생각과 마음을 당당하게 표현했다는 게 중요해.

하루하루 조금씩 내 마음을 표현하다 보면 속으로 참는 것보다 할 말은 하는 게 더 편하다는 걸 느낄 수 있어. 어느새 어떤 상황에서도 자연스럽게 대처할 만큼 성장하게 될 거야.

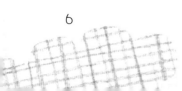

이 책은 너의 행복한 학교생활을 응원하는 마음으로 썼어. 건강한 관계의 핵심은 소통이야. 좋은 소통은 좋은 말을 할 때 이루어져. 이 책이 좋은 '말하기'를 통해 좋은 관계를 맺으며 즐겁고 편안한 마음으로 생활하는 데 도움이 되기를 바랄게.

김정

차례

1장 · 선생님과 대화하기

2장 · 친구와 대화하기

부록
·
채소 쌤의
고민 상담실

대화를 도와주는 친구들

예의 바른 감자

공손이

"
친구 사이에도 예의가 필요해.
"

사랑스러운 하트 순무

사랑이

"
서로 조금씩 배려하면
사이좋게 지낼 수 있어.
"

쫑긋쫑긋 귀로 열심히 듣는 귤

쫑긋이

"
말하는 것보다 듣는 게 더 중요해.
"

단호하게 말하는 단호박

단호박

"
싫을 땐 싫다고 말해.
"

잘 부탁해.
얘들아!

당당하고 건강한 당근

당당이

"
주눅 들지 말고 내 생각을 말해.
"

매일 행복한 고구마

고맙구마

"
감사하고 행복한 일은 매일 있어.
"

머리가 좋은 미역

총명이

"
지혜로운 사람은 반짝반짝 빛이 나.
"

등장인물

새봄

이렇게 말하면 친구가 싫어할까?

소극적이다. 싫을 때 싫다고 말하지 못하고 친구가 하자는 대로 한다. 낯을 많이 가리는 편이지만 친해지면 편하게 대화할 수 있다.

현우

방금 선생님이 뭐라고 하신 거지?

딴짓하다가 선생님 말씀을 못 들을 때가 많다. 순하고 착하다.

유리

같이 떠들었는데 왜 나만 혼나는 거야?

자주 투덜거리고 불만이 많지만, 자기 잘못을 인정할 줄 안다. 좋고 싫은 게 확실하다.

수아

나는야 우리 반의 핵인싸!

공부와 운동을 모두 잘하고 친구들에게 인기가 많다. 모든 친구를 공평하게 대한다. 언니, 혹은 누나처럼 든든한 친구다.

채소연 선생님

'미안해'와 '고마워'만 잘해도 친구와 싸울 일이 없어요.

엄할 땐 엄하고 재밌을 땐 재밌고 따뜻할 땐 따뜻한 담임 선생님

하진

얘들아, 축구하러 가자!

축구를 잘하고 남자아이들이 잘 따른다. 장난기가 많은 편이다. 선생님과 친구들을 잘 돕는다.

보라

내 엠비티아이(MBTI)는 큐트(CUTE)!

밝고 솔직하다. 눈치가 별로 없다. 꾸미는 것을 좋아한다.

규민

너 때문에 졌잖아!

친구들과 놀고는 싶은데 방법을 잘 몰라서 자꾸 화를 낸다. 말투는 거칠지만, 속은 여리다.

지수

너 하진이 좋아한다며?

친구들에게 부탁을 잘하는 만큼 친구들도 잘 도와준다. 친구 일에 잘 참견한다.

1장

선생님과
대화하기

선생님이 무섭고 어려울 때

많은 선생님이 3월에 더 엄하게 지도하셔. 1년 동안 친구들이 안전하게 생활하기 위한 규칙을 정해야 하기 때문이야. 시간이 조금 지나면 선생님의 편안하고 재밌는 모습도 볼 수 있을 거야.

 무서운 선생님의 좋은 점도 있어. 숙제나 수업 태도를 더 점검하게 되어서 좋은 습관을 기를 수 있지. 엄격한 선생님도, 친절한 선생님도 각각 좋은 점이 있으니 다양한 선생님을 만나 보는 게 도움이 될 거야.

 매일 아침 등교할 때 "선생님, 안녕하세요!", 집에 갈 때 "선생님, 안녕히 계세요!"라고 인사하는 것만으로 선생님께 좋은 인상을 심어 드릴 수 있어. 굉장히 예의 바른 친구라고 생각하실 거야.

그래, 어서 와.

선생님, 안녕하세요!

공손이의 꿀팁
고개만 까닥하지 말고, 두 손을 배꼽에 모으고 공손하게 인사하자.

선생님과 친해지고 싶을 때

주변 선생님들께 여쭤보았어. 선생님들은 공부만 잘하고 이기적인 친구보다 인성이 바른 친구를 좋아한대. 친하다는 게 꼭 선생님과 자주 대화하는 걸 말하는 건 아냐. 수업에 열심히 참여하고, 친구들과 사이좋게 지내고, 잘못했을 때는 인정할 줄도 아는 친구. 맡은 일을 성실하게 하는 친구. 이런 친구라면 선생님의 마음속에 좋은 학생, 마음이 가는 학생으로 자리 잡을 수 있어.

 재밌는 수업이나 놀이를 한 날, 감사한 마음을 표현하자. 선생님의 피로가 풀리고 더 재밌는 활동을 준비할 마음도 생길 거야.

 선생님과 친근하게 대화해 보고 싶다면, 쉬는 시간에 주말에 했던 일, 선생님이 좋아하는 것 등을 주제로 얘기해 볼 수 있어.

공손이의 꿀팁

선생님은 인사를 잘하는 친구, 예의 바르게 말하고 행동하는 친구를 좋아해.

선생님이 나만
발표시키지 않는 것 같을 때

선생님이 나만 발표시키지 않고 다른 친구들 이름만 부르는 것 같을 때, 혹시 내가 손을 많이 드는 편인지 한번 생각해 보자. 선생님은 발표를 골고루 시켜야 하니까 손을 들 때마다 발표하게 하지는 못했을 수도 있어.

 손을 드는 자세가 바른지 점검해 보자. 허리를 곧게 펴고 손을 높이 들어 봐. 선생님이 잘 보실 수 있을 거야.

 두 가지를 점검해 보았는데도 발표를 더 시켜 주셨으면, 하는 마음이 든다면, 선생님께 말씀드리거나 일기장이나 편지에 마음을 표현하는 건 어떨까?

선생님,
오늘 국어 수업 재미있었어요.
그런데 저는 발표를 조금 더 많이
하고 싶어요. 앞으로 발표를 많이
시켜 주시면 정말 감사하겠습니다.

당당이의 꿀팁

자신 있게 발표하는 건 참 좋은 자세야. 매번 발표하지는 못하더라도 계속 발표에 도전하는 네 모습이 멋져!

점심시간에
못 먹는 음식이 나왔을 때

학기 초에 먹지 못하는 음식을 조사하기는 하지만, 선생님께서 놓쳤을 수도 있어. 그럴 때는 선생님께 꼭 말씀드리자.

 선생님마다 급식 지도 방법은 다를 수 있어. 남김없이 먹도록 지도하는 선생님, 싫어하는 반찬이라도 한 가지씩은 먹도록 지도하는 선생님 등 다양해. 어떤 방법이 가장 옳다고 말할 수는 없고, 각각의 장점이 있어. 만약 배식받은 반찬을 다 먹어야 하는 게 학급 규칙일지라도, 선생님이 알레르기를 일으키는 음식을 억지로 먹게 하지는 않으셔.

 알레르기처럼 몸에 맞지 않는 음식이 아니라면 적은 양이라도 한번 먹어 보는 게 어떨까? 골고루 먹어야 몸이 튼튼해져. 학생 때부터 다양한 음식을 접해 보는 게 좋기도 하고.

알레르기가 있는 음식은 먹지 않아도 돼.

선생님, 제가 이 음식에 알레르기가 있어요.

당당이의 꿀팁

필요한 걸 말하는 경험이 쌓이면, 학년이 올라갈수록 생각과 마음을 솔직하고 당당하게 말할 수 있을 거야.

준비물을 가져오지 못했을 때

음악 시간에 리코더가 없으면 곤란할 거야. 이럴 땐 선생님께 여쭤보자. 엄마께 리코더를 가져다 달라고 전해 주실 수 있냐고 말이야. 보통 부모님께서 학교 보안관실에 준비물을 맡겨 주셔.

 선생님께 부탁하는 게 민망할 수 있지만, 준비물이 없어서 수업에 잘 참여하지 못하는 것보다는 훨씬 나을 거야. 필요한 걸 예의 바르게 말하는 연습은 어른이 되어서도 큰 도움이 돼.

 수업 시간이 아니라 1교시 수업 시작 전이나 쉬는 시간에 부탁드려야 해.

 비슷한 일을 반복하지 않도록 준비물을 스스로 잘 챙기자.

선생님, 리코더를 못 가져왔어요. 엄마께 가져다 달라고 전화해 주실 수 있으신가요?

그래, 선생님이 지금 전화해 볼게.

고압구마의 꿀팁
도와주신 선생님께 "선생님, 감사합니다. 앞으로는 준비물 잘 챙길게요."라고 말씀드리는 게 어떨까?

어려운 문제를 물어보고 싶을 때

수업 내용 중 모르는 부분이 있으면 선생님께 여쭤봐. 궁금한 게 있다는 건 수업을 열심히 들었다는 뜻이기도 해. 질문과 답변을 주고받다 보면 선생님과의 거리가 더 가깝게 느껴질 거야.

 학생이 질문해서 가르쳐 줬던 문제와 비슷한 유형의 문제가 시험 문제에 나와서 학생에게 고맙다는 말을 들은 선생님이 있었어. 그 선생님은 자기 자식이 잘한 것처럼 뿌듯했대. 선생님들은 열심히 노력하는 친구들을 보면 기특한 마음이 들어. 질문할 때 선생님이 귀찮아할지도 모른다는 걱정은 하지 말자.

 답변이 길어질 것 같은 질문일 경우, 쉬는 시간보다는 점심시간에 여쭤보는 게 더 좋을 거야. 선생님께서 더 여유 있게 답해 주실 수 있거든.

선생님, 이 문제가 잘 이해가 안 가는데 가르쳐 주세요.

어디 한번 보자.

콩긋이의 꿀팁

질문하는 것도 좋지만, 수업 시간에 선생님과 눈을 마주치며 열심히 수업을 듣는 게 더 중요해.

자리를 바꾸고 싶을 때

자리를 바꾸는 이유 중 하나는 다양한 친구와 친해질 기회를 주는 거야. 나와 다른 점이 많은 친구와도 원만하게 지내는 법을 익혀 두면 큰 도움이 돼. 관계를 잘 맺는 사람이 학교생활, 직장 생활을 즐겁게 하고 행복하게 살 수 있거든. 자리를 바꾸면서 서로 다른 친구들과 맞춰 가는 과정을 교과서 공부보다 중요한 관계 공부라고 생각해 보자.

 만약 친구가 너에게 계속 장난을 쳐서 수업에 집중할 수 없다면, 친구에게 확실하게 말해야 해. "수업 시간에는 조용히 해 줘."라고 말이야. 여러 번 이야기했는데도 친구가 계속 방해한다면 선생님께 말씀드리자. 다른 친구들이 모두 집에 간 후, 교실에 선생님과 너만 있을 때 말하는 게 좋아.

선생님, 저는 수업에 집중하고 싶은데 짝꿍이 자꾸 말을 걸어서 방해될 때가 있어요. 어떻게 해야 할까요?

선생님이 짝꿍한테 잘 이야기해 볼게.

사랑이의 꿀팁
원했던 친구와 짝꿍이 되지 않더라도 싫은 티를 내지 말자. 누군가 너와 짝이 됐을 때 실망한 표정을 짓는다면 너도 마음이 속상할 거야.

발표하면 틀릴까 봐 걱정될 때

나와서 풀어 볼 사람?

하진이가 나와서 풀어 볼까?

네!

다음 문제는
현우가 풀어 볼까?

네? 제가요?

나도 나가서
풀어 보고 싶은데,
틀리면 창피할 것
같아.

발표할 때 '틀리면 창피해.', '틀리면 안 돼.'라고 생각하면 더 떨릴 수 있어. '틀리면 뭐 어때?', '심장이 두근거리는 걸 보니 내 마음이 설레나 봐.'라고 생각해 보자. 천천히 숨을 들이마시고 내쉬어 봐. 긴장이 풀리고 편안해질 거야.

 아무것도 발표하지 않으면 틀리지도 않겠지? 틀렸다는 건 선생님과 친구들 앞에서 무언가를 발표하려고 애썼다는 증거야. 틀리는 건 부끄러운 게 아니야. 당연하고 멋진 일이지.

 계속 틀릴까 봐 걱정되면 선생님께 발표할 때 틀린 답을 말해도 괜찮냐고 여쭤보자. 당연히 괜찮다고 하시겠지만, 선생님께 틀려도 괜찮다는 말을 직접 들으면 마음이 한결 편해질 테니까 말이야.

선생님, 발표할 때 틀릴까 봐 긴장되는데요. 틀린 답을 말해도 괜찮을까요?

그럼, 당연하지. 틀려도 괜찮아. 틀린 답도 발표해 주는 게 오히려 선생님은 좋은걸?

당당이의 꿀팁

발표하면 할수록 발표 실력이 늘어. 하루에 한 번이라도 손을 들고 발표하는 습관을 들여 보자. 발표 실력이 쑥쑥 자랄 거야.

배가 아플 때

화장실에 가고 싶은데 말하지 못하고 계속 참다가 바지에 실수하는 친구들이 있어. 물론 쉬는 시간에 미리 다녀오면 좋겠지만, 너무 급할 때는 손을 들고 선생님께 말씀드린 후 화장실에 다녀와야 해.

 아플 때는 선생님께 바로 말씀드리자. 선생님이 보건실에 보낼 수도 있고 필요한 경우 조퇴할 수 있게 도와주실 수도 있어. 보건실에 갔을 때는 어디가 어떻게 아픈지 자세히 말씀드리자.

 화장실에 가고 싶거나 아플 때처럼 바로 말해야 하는 상황이 있어. 아직 선생님께 말하는 게 어려운 친구들은 집에서 부모님과 함께 연습해 보자. 부모님이 선생님 역할을 맡고 실제처럼 연습해 보면 도움이 될 거야.

선생님, 배가 아픈데
보건실에 다녀와도
될까요?

어서 보건실에 다녀오렴.

공손이의 꿀팁
쉬는 시간에 화장실에
다녀오는 습관을 들이자.

35

물건을 잃어버렸을 때

물건을 잃어버렸다면 우선 책상 서랍, 책상 주변, 사물함 등 찾을 수 있는 곳을 찾아보자. 짝꿍이나 같은 모둠 친구들에게 같이 찾아 달라고 도움을 요청해도 좋아.

 그래도 물건이 보이지 않으면 선생님께 말씀드리자. 선생님이 교무실이나 교내 분실물 센터, 교내 방송 등을 통해 찾는 걸 도와주실 거야.

 방과 후 물건을 잃어버린 걸 알았을 때, 핸드폰, 안경 등 중요한 물건인 경우는 선생님께 교실에 분실한 물건이 있는지 여쭤봐.(부모님께 교실 전화로 연락하는 걸 부탁드려도 좋아.)

선생님도 한번 찾아보고 교무실에 연락해 볼게.

선생님, 핸드폰을 잃어버렸어요. 제가 열심히 찾아봤는데도 못 찾았어요.

공손이의 꿀팁

저녁 늦게 잃어버린 물건이 생각났을 때, 당장 찾아야 하는 물건이 아니라면 다음 날 아침에 선생님께 여쭤보는 게 좋아.

선생님께 혼이 났는데 억울한 마음이 들 때

유리야, 그만 떠들고 수업에 집중해.

같이 떠들었는데 왜 나만 혼내는 거야? 억울해!

그래서 어제 진짜 창피했잖아.

정말? 아, 웃기다.

왜 밀고 그래?!

네가 먼저 밀었잖아!

그만! 서로 몸을 치면 안 돼. 둘 다 선생님 따라와.

규민이가 먼저 밀어서 나도 한 건데….

같이 떠들었는데 너만 혼나서 속상했구나. 선생님이 보지 못했을 수도 있고, 네 행동이 더 눈에 띄었을 수도 있어. 나도 목소리와 행동이 큰 편이라 친구와 같이 떠들어도 항상 더 혼났었거든. 혹시 너도 그런 건 아닌지 생각해 보자. 계속 억울한 마음이 든다면, 내 잘못을 먼저 인정하는 말을 하고, 부드러운 말투로 속상했던 부분을 선생님께 살짝 말씀드려 볼 수도 있을 거야.

 모든 다툼을 들여다보면, 한 사람만 잘못한 경우는 거의 없고 둘 다 조금씩 잘못한 경우가 대부분이더라. "쟤가 먼저 그랬어요."라고 친구 탓만 하면 선생님이 더 화가 나실 거야. "선생님, 죄송합니다. 다음부터는 조심할게요."라고 스스로 잘못한 부분도 인정하는 태도가 필요해.

총명이의 꿀팁

잘못을 인정하고 똑같은 실수를 하지 않으려고 노력하는 사람은 더 성장할 수 있고, 다른 사람들에게 신뢰를 줄 수 있단다.

안내한 내용을 잘 듣지 못했을 때

사실 1학년이나 2학년 교실에서 선생님이 같은 설명을 다섯 번 이상 하는 건 자주 있는 일이야. 예를 들어, 미술 시간에 "이거 다 그리고 뭐 하면 돼요?"라는 질문에 "읽고 싶은 책 읽으면 됩니다."라고 선생님이 대답했다고 해 보자. A라는 친구가 한 질문을 듣지 못하고 다시 B가 같은 질문을 하고, 또 C, D가 같은 질문을 하는 경우가 많아. 너만 그러는 게 아니니까 걱정하지 말고, 잘 듣지 못했다고 솔직하게 말씀드리자. 중요한 내용을 놓치면 안 되니까. 그리고 다음부터는 선생님 말씀에 집중하는 것 잊지 말기!

 3학년이 되었는데도 안내한 내용을 제대로 듣지 못하고 계속 다시 물어본다면, 선생님 말씀에 집중하지 못하고 있는 거야. 선생님이 말씀하실 때 딴짓하지 않고 경청하는 습관을 들이자.

선생님,
방금 하신 말씀을
잘 듣지 못했어요.
죄송한데 한 번만 더
말씀해 주세요.

쫑긋이의 꿀팁
경청한다는 건 귀로도 듣고, 눈으로도 듣고, 마음으로도 듣는 거야. 귀를 쫑긋 세우고 말하는 사람과 눈을 마주치며 집중해서 들어 보자.

선생님이 다른 친구를 칭찬하는 게
샘이 날 때

질투가 나는 게 나쁜 건 아니야. 누구나 느낄 수 있는 자연스러운 감정이지. 선생님이 그 친구를 특별히 더 좋아해서 칭찬한 건 아니야. 누군가 잘 해낸 일이 있을 때 계속 열심히 할 수 있도록 도우려고 하신 거란다. 우리 반 친구들을 한 팀으로 생각하고, 친구가 잘하든 내가 잘하든 모두 우리 반을 빛내는 일이라고 생각해 보자.

 공부든 운동이든 잘하고 싶은 마음이 강한 친구들은 친구가 칭찬받을 때 샘을 내는 경우가 많아. 의욕이 없는 것보다는 훨씬 낫지만, 친구와 나를 지나치게 비교하지는 말자. 친구는 친구대로, 너는 너대로 좋은 점을 가지고 있으니까. 오히려 친구가 잘할 때 칭찬하고 축하해 주자. 이런 여유로운 태도를 가진 친구가 진짜 멋진 친구야.

 수아야, 최우수상 받은 거 축하해.

 고마워, 유리야.

총명이의 꿀팁

질투가 나는 분야가 있다면 내가 그 일을 좋아하는 거야. 조금씩 내가 잘하는 일로 만들어 봐. 언젠가 나를 빛내 주는 특기가 될 거야.

학예회를 같이 준비할
친구가 없을 때

학예회에서 노래를 부르고 싶은데
혼자하기는 좀 그렇고,
같이할 친구가 없을까?

보라야, 나 학예회 때
노래 부르려고 하는데 같이할래?

아, 나는 유리랑 춤추기로 했어.

나는 누구랑 같이하지?

학예회를 같이 준비할 친구가 없을 때 고민이 돼. 혼자 하기는 싫고 친구와 같이 준비하고 싶은데, 함께할 친구가 없을 때가 있어.

 이럴 땐 선생님께 도움을 요청할 수 있어. 선생님께서 비슷한 활동에 관심 있는 친구를 붙여 주실 거야.

 옆 그림에 나오는 친구처럼 네가 먼저 친구에게 적극적으로 물어봐야 해. 물어 봤는데도 같이 할 친구를 구하지 못했을 때 선생님께 부탁드려야 해. 네가 할 수 있는 건 해 보고, 그래도 안 될 때 선생님에게 말씀드리자.

선생님,
학예회에서 같이 발표할
친구를 아직 못 찾았어요.
도와주세요.

그래, 선생님이
친구를 찾아볼게.

총명이의 꿀팁

현장 체험 학습에서 같이 다닐 친구가 없거나 짝을 지어서 하는 수행 평가에서 함께할 친구가 없을 때도 선생님께 도움을 요청할 수 있어.

친구들이 채팅방에서
나에게 욕을 했을 때

김우진 님이 이현우 님을 초대했습니다.

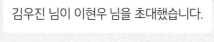

김우진
이현우 바보

수민
이현우 좀 모자라는 것 같음

지홍
이현우 XXX

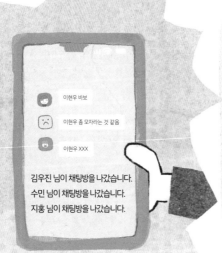

이현우 바보

이현우 좀 모자라는 것 같음

이현우 XXX

김우진 님이 채팅방을 나갔습니다.
수민 님이 채팅방을 나갔습니다.
지홍 님이 채팅방을 나갔습니다.

이게 뭐지?

단체 채팅방에 친구를 초대한 뒤 괴롭히고 욕하는 것, 한 명만 빼고 따로 채팅방을 만들어서 험담하는 건 언어폭력이야.

 온라인 채팅은 모두 기록으로 남아서 증거가 돼. 대화 내용을 지우지 말고 화면을 캡처하거나 핸드폰을 선생님께 보여 드려야 해.

 온라인에서 친구를 따돌리고 나쁜 말을 하는 건 친구의 마음에 심각한 상처를 줄 수 있는 행동이야. 얼굴을 보고 말하는 게 아니라고 해서 함부로 말하면 안 된다는 걸 꼭 기억해.

선생님, 친구들이 그룹 채팅방에서 저에게 나쁜 말을 했어요.

총명이의 꿀팁

네가 쓰는 모든 말이 채팅방에 기록으로 남아. 메시지를 쓸 때 말을 조심하도록 하자.

체육 시간에 친구가
공을 자꾸 뺏을 때

피구 시합을 할 때 공을 잡았는데 자꾸 자기한테 공을 달라고 하는 친구가 있지? 이기고 싶은 마음이 크거나 체육 활동에 자신감이 있는 친구일 수 있어. 그 친구가 더 공을 잘 던질 것 같다는 생각이 들어도 바로 넘겨주지 말고 이렇게 말하자.
"내가 잡은 공이니까 내가 던질게."
당당하게 말한 후에 그냥 던지면 돼.

 쉬는 시간이나 학급 회의 시간을 활용해서 선생님께 말씀드려 보자. 공을 잡은 사람이 억지로 패스하지 않고 공을 던지는 규칙이 정해지면 모두 즐겁게 경기에 참여할 수 있을 거야.

선생님, 친구들이 제가 잡은 공을 자꾸 달라고 해서 속상해요. 억지로 패스하지 않게 규칙을 정해 주세요.

그래, 던지고 싶은데 친구 눈치를 보고 패스하는 일이 없게 규칙을 정해 보자.

당당이의 꿀팁
선생님께 '친구가 잘 던지지 못하더라도 비난하기 금지' 조항도 검토해 주시기를 부탁드리는 건 어떨까?

감사한 마음을 표현하고 싶을 때

감사한 마음은 표현할 때 빛이 나. 선생님께서 재밌는 체육 활동을 해 주셨을 때, 간식을 주셨을 때, 칭찬해 주셨을 때, 도와주셨을 때 고마운 마음을 "선생님, 감사합니다."라는 말로 표현해 보자.

 감사한 마음을 표현하고 싶다면 스승의 날이나 크리스마스, 학년이 끝나는 종업식처럼 특별한 날 선생님께 감사 편지를 써 보는 것도 좋아. 잘 쓴 글이 아니더라도 편지에 담긴 진심이 선생님께 온전히 전해질 거야.

 선생님뿐 아니라 다른 어른들에게도 '감사합니다'를 자주 말하는 건 어떨까? 감사하다고 말할 때마다 뇌에서 기분이 좋아지는 호르몬이 나와서 너에게도 좋아. 감사할 줄 아는 사람에게 감사할 일과 좋은 일이 더 많이 생긴단다.

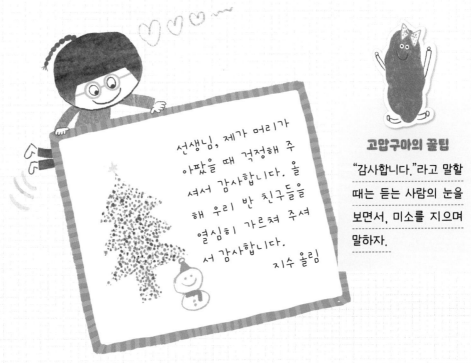

선생님, 제가 머리가 아팠을 때 걱정해 주셔서 감사합니다. 올해 우리 반 친구들을 열심히 가르쳐 주셔서 감사합니다.

지수 올림

고맙구마의 꿀팁

"감사합니다."라고 말할 때는 듣는 사람의 눈을 보면서, 미소를 지으며 말하자.

2장

친구와
대화하기

친구를 사귀기 어려울 때

같이 놀자고 해 볼까?
싫다고 하면 어쩌지?

새 학기가 된 후 2, 3주 안에 친한 친구나 그룹이 결정돼. 이때 소극적인 친구들이 망설이다가 친한 친구를 사귀는 시기를 놓칠 수가 있어.

 자리에 가만히 앉아 있는데 "나랑 놀래?" 하고 다가오는 친구는 거의 없어. 네가 먼저 다가갈 용기를 내야 해. 친구에게 "같이 보드게임 할래?", "점심시간에 '경찰과 도둑 놀이' 할래?"처럼 먼저 제안해 봐.

 놀고 있는 친구들에게 끼고 싶을 때는 친구들의 말이 조금 줄어들기를 기다렸다가 "같이해도 되니? 나도 하고 싶어."라고 말해 봐.

 친구가 거절해도 '괜찮아, 나랑 잘 맞는 다른 친구를 찾아보면 돼.', '하고 싶은 놀이가 다른가 봐.'라고 편하게 생각해. 몇 번 반복하면 경험치가 쌓여서 점점 친구들에게 편하게 다가갈 수 있을 거야.

나랑 이거 같이할래?

그래, 같이하자.

당당이의 꿀팁

3월은 친한 친구가 결정되는 중요한 시기야. 2학기 때 친해지는 친구도 있지만, 학기 초에 친해지는 것보다는 어려워. 3월에 친구들에게 먼저 다가가 보자!

친구가 내 말에 자꾸 끼어들 때

대화는 서로 주고받는 공놀이와 같아. 나 혼자만 계속 공을 던지면 친구가 지루하겠지? 나와 친구가 서로 비슷하게 말하고 잘 들어야 둘 다 즐겁게 대화할 수 있어. 내가 하고 싶은 말을 하려면 친구의 말도 집중해서 들어 줘야 해. 사람들은 혼자 재미있게 말하는 사람보다 서로 말을 잘 주고받는 사람과 대화할 때 더 즐거움을 느껴.

다른 사람이 말할 때 자꾸 끼어드는 친구는 마음이 급해서 친구의 말이 끝날 때까지 기다리지 못하는 거야. 그런 친구들은 친구의 말을 끊고 있다는 것과 상대가 기분 나빠한다는 걸 잘 모르고 있어. 그러니까 친구에게 알려 주자. "내 이야기를 끝까지 들어 줬으면 좋겠어."라고 말이야.

너랑 재밌게 이야기하고 싶은데,
내가 말할 때 자꾸 끼어들어서 불편해.
내 말이 끝날 때까지 기다렸다가
말해 줘.

미안,
그런 줄은 몰랐네.

쫑긋이의 꿀팁

친구의 말을 잘 듣고 "그래, 맞아.", "너도 그랬어? 나도."와 같이 맞장구를 쳐 봐. 친구가 말한 내용에 관한 질문을 해도 좋아.

친구가 약속을 지키지 않을 때

시간관념이 부족하거나 성격이 느긋한 친구들이 자주 지각해. 그 친구와 계속 친하게 지내고 싶고 친구의 다른 점이 좋게 느껴진다면 조금 이해해 줄 수밖에 없어. (이 친구와 만날 때만 십 분 정도 늦게 나가는 방법도 생각해 봐.) 그렇지 않다면 약속을 안 잡는 게 좋고.

 친구가 약속을 취소했을 때 한 번은 이해해 주자. 약속을 지킬 수 없을 만한 이유가 있었을 거야.

 약속을 자주 취소하는 친구는 약속을 소중하게 생각하지 않는 거야. 친구에게 내 마음을 솔직하게 전달하고 그 친구와의 관계를 점검해 봐.

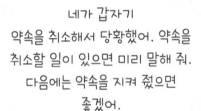

네가 갑자기 약속을 취소해서 당황했어. 약속을 취소할 일이 있으면 미리 말해 줘. 다음에는 약속을 지켜 줬으면 좋겠어.

알았어. 다음부터는 약속 꼭 지킬게.

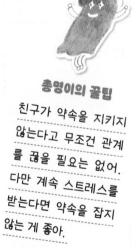

총명이의 꿀팁

친구가 약속을 지키지 않는다고 무조건 관계를 끊을 필요는 없어. 다만 계속 스트레스를 받는다면 약속을 잡지 않는 게 좋아.

모둠 활동을 하는데
친구가 아무것도 하지 않을 때

자료 조사하고 발표 자료 만들고 발표할 사람이 필요한데, 각자 하고 싶은 거 있니?

...

이대로라면 우리 모둠, 발표 망하겠는데.

내가 발표 자료 만들게. 너희는 뭐 할래?

모둠 활동을 하면서 친구들과 함께 목표를 달성하는 값진 경험을 할 수 있어. 그렇지만 모둠 구성원의 능력과 태도가 모두 달라. 어떤 친구는 열심히 참여하고, 어떤 친구는 빼질거리기도 해. 모둠 활동에 잘 참여하지 않는 친구에게는 그 친구가 할 수 있는 역할을 확실하게 말해 줘. 가끔 뭘 해야 할지 몰라서 가만히 있는 친구도 있거든.

 선생님은 모둠 구성원 중에서 누가 열심히 하는지 다 알고 있어. 모둠 활동에 성실히 참여한 경험이 나중에 커서 중요한 프로젝트를 완성할 때 큰 도움이 될 거야.

내가 발표 자료 만들게.
자료 조사랑 발표 중에서
하나씩 골라 줘.

그러면 나는
발표할게.

난
학원 가야 해서
시간 없는데….

총명이의 꿀팁

지금 당장은 나 혼자만 열심히 하는 것 같고 손해 보는 기분이 들어도, 성실하게 참여하는 태도를 길러 두면 나중에 큰 도움이 돼.

친구들이 나만 빼고
약속을 정했을 때

일단 혼자서 고민하지 말고 친구들에게 솔직하게 말해 봐. 나만 부르지 않아서 속상하다고, 다음부터는 나도 같이 가자고 말이야. 알고 보면 사정이 있었을지도 몰라. 부모님끼리 시간이 맞아서 같이 다녀온 걸 수도 있고 네가 학원 등 다른 일 때문에 안 될 것 같아서 제안하지 않았을 수도 있어.

 일부러 나를 부르지 않은 거라고 해도 괜찮아. 그룹 안에서 조금 더 친한 친구는 자주 바뀌기도 하니까 너무 심각하게 생각하지 마. 앞으로 더 잘 맞는 친구들을 만나게 될 거야. 친구들에게 인기가 없는 걸까, 하고 자책할 필요도 없단다.

얘들아,
다음에는 나도 불러 줘.
나만 빼고 논 것 같아서
서운해.

그랬구나.
유리 엄마랑 우리 엄마랑
친해서 같이 다녀온 건데,
다음에는 너도 부를게.

사랑이의 꿀팁

친구 관계에 문제가 생길 때, 내 탓을 해서는 안 돼. '나는 나대로 즐겁게 지내자'라고 편하게 생각해.

친구가 무리한 부탁을 할 때

친구의 부탁을 거절했을 때, 그 친구가 너에게 실망하는 게 걱정되니? 부탁을 거절한다고 해서 친구와 사이가 나빠지는 건 아니야. 무리한 부탁을 들어주면 네 마음이 불편하잖아. 친구만 배려하고 자기 마음을 배려하지 못하면 안 돼. 현명하게 거절하면 친구 사이도, 내 마음도 모두 지킬 수 있어.

 친구의 무리한 부탁을 거절할 때 두 가지를 기억해. 첫째, 도와줄 수 없는 상황을 설명해. 둘째, 부탁을 들어주기 어렵다고 말해.

 거절했는데도 친구가 다시 요구한다면 부탁을 들어줄 수 없다고 조금 더 단호하게 말해야 해.

나도 학원 숙제가 많아서 지금 여유가 없어. 도와주지 못해서 참 안타깝네.

그래, 어쩔 수 없지 뭐.

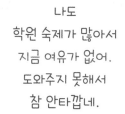

당당이의 꿀팁

거절할 때 괜히 미안하다고 할 필요는 없어. 부탁을 들어주지 못하는 안타까운 마음만 표현하면 돼.

친구가
외모나 옷차림을 지적할 때

친한 친구일수록 예의를 지켜야 해. 그래야 계속 사이좋게 지낼 수 있어. 친구의 외모나 옷차림을 지적하는 건 예의 없는 행동이니까 조심해야 해.

 외모나 옷차림을 깎아내리는 친구에게 듣기 불편하니까 그렇게 말하지 말라고 확실하게 이야기하자.

 다른 사람의 외모에 집착하고 지적하는 사람은 사실 스스로 자신감이 없어서 외모를 뜯어보고 평가하는 경우가 많아. 겉모습으로 사람을 판단하는 친구의 잘못이지 내가 부족한 게 아니야. 내가 어떻게 생겼던 나라는 사람은 굉장히 소중해. 친구의 말에 신경 쓰지 말자.

그런 말 듣기 불편하니까 하지 말아 줘. 나는 그냥 지금의 내가 좋아.

알았어.

사랑이의 꿀팁

친구의 겉모습보다는 그 친구만이 가진 개성과 좋은 점을 발견하는 친구가 되자. '목소리가 멋진 하진이, 웃는 표정이 사랑스러운 지수, 친구들에게 친절하게 대하는 새봄이'처럼 말이야.

친구가 다른 친구와
더 친하게 지내서 서운할 때

68

친한 친구가 다른 친구와 더 친하게 지내는 것 같을 때 서운한 마음이 들고 질투가 나. 단짝을 뺏길 것 같은 불안한 마음이 들 때도 있지. 이때 솔직한 내 마음을 표현해 볼 수는 있어.

 내 마음을 표현했는데도 그 친구와 점점 멀어진다고 해도 상처받지 말자. 내가 좋아하는 친구와 친하게 지내는 것처럼 친구도 사귀고 싶은 친구와 잘 지낼 권리가 있어. 친구의 모든 관계를 내가 결정할 수는 없는 거야.

 다른 친구들에게 말도 걸고 친하게 지내자. 친구 한 명에게 너무 집중하지 않는 게 좋아.

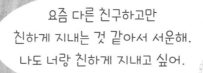 요즘 다른 친구하고만 친하게 지내는 것 같아서 서운해. 나도 너랑 친하게 지내고 싶어.

 알았어, 새봄아. 너도 나랑 친한 친구야.

사랑이의 꿀팁

원래 친구 사이는 가까워지기도 멀어지기도 해. 늘 변함없이 내 곁을 지켜 주는 것은 바로 나 자신뿐이야. 내가 나에게 가장 좋은 친구가 되어 주자.

친구가 기분 나쁜 장난을 칠 때

기분 나쁜 행동을 해도 싫다고 말하지 않으면 친구들이 점점 나를 쉽게 생각할 거야. 하지 말라고 확실히 말해야 해.

 친구의 행동과 내 기분을 얘기하는 데 집중해. '너 성격이 나쁘구나'처럼 친구 자체를 비난하는 말을 하지 않도록 주의하자. 친구의 행동과 그에 따른 내 감정, 그리고 바라는 걸 말해. 예를 들면 네가 별명을 불러서(행동) 내 기분이 나빠.(감정) 별명을 부르지 말아 줘.(바라는 것) 이런 식으로 말이야.

 장난인데 왜 화를 내냐고 말하는 친구도 있지? 서로 기분 좋고 재미있게 주고받는 것만 장난이야. 상대방이 기분이 나쁘면 장난이 아니라는 걸 말해 줘.

그렇게 세게 치면 아프고 기분이 나빠. 하지 마.

그냥 장난친 거잖아.

그래도 기분 나쁘니까 하지 마.

단호박의 꿀팁

친구에게 말했는데도 계속 기분 나쁜 장난을 친다면, 선생님께 도움을 요청하거나 무시하고 그 자리를 벗어나렴.

71

친구가 사과하지 않았을 때

친구의 실수로 속상한 일이 생겼을 때 친구가 사과를 안 하면 더 억울한 마음이 들어.

 이때 화를 내거나 소리를 지르면 친구 사이가 더 나빠질 수 있어. 친구가 사과 하려고 하다가도 미안한 마음이 사라질 수 있거든. 친구도 같이 화를 낼 수도 있고.

 차분하게 마음을 가라앉히고, 내 기분을 말한 후 사과하라고 말하자. 화가 가라 앉지 않을 때는 크게 숨을 들이마셨다 내쉬는 게 도움이 돼.

내 물건을 마음대로
가져가고 물건이 고장 났는데
미안하다는 말도 없어서 기분이 나빠.
사과하면 마음이 조금 풀릴 것 같아.

미안해.

공손이의 꿀팁

반대로 내 실수로 친구 에게 피해를 줬을 때 는 진심을 담아 "미안 해. 다음부터는 조심할 게."라고 말하자.

친구가 속상해할 때

친구가 속상하다고 말했을 때 별것 아니라는 듯이 넘기면 친구의 마음이 서운할 거야. 이럴 땐 내가 친구의 상황이었다면 어떤 기분이 들지 상상해 보고, 친구의 마음에 공감해 줘.

 친구에게 굳이 해결 방법을 제시하거나 조언하지 않아도 돼. 친구의 이야기를 잘 들어 주고 마음을 알아주는 것만으로 친구에게 큰 힘이 돼. 괜히 "연습을 조금 더 하지 그랬어."와 같은 말을 하면 친구는 더 속상할 거야.

 친구의 말을 집중해서 듣고, "정말 속상했겠다.", "내가 너였어도 화가 났을 거야.", "참 힘들었겠다."처럼 친구의 마음에 공감하는 말을 해 보자.

그랬구나.
내가 만약 너였어도
속상했을 거야.

응,
정말 속상했어.

퐁긋이의 꿀팁

친구의 말을 들을 때 "그랬구나."처럼 말하거나 고개를 끄덕이면서 친구의 말에 집중하고 있다는 걸 표현하면 좋아.

친구가 놀이 규칙을
지키지 않을 때

놀이할 때 자꾸 규칙을 지키지 않거나 자기에게만 유리한 규칙을 만든다면 다른 친구들이 같이 놀고 싶은 기분이 들지 않을 거야.

 친구는 규칙을 지키지 않으면서까지 이기고 싶은 마음이 들었을 거야. 그렇지만 규칙을 지키지 않으면 다른 친구는 억울한 마음이 들 수 있어. 서로 즐겁게 놀이하기 위해서는 친구에게 규칙을 지켜야 한다는 걸 말해 줘.

 친구들이 규칙을 지키지 않는 것에 스트레스를 많이 받는 친구들이 있어. 세상에서 마음대로 할 수 있는 건 바로 '나 자신' 하나뿐이야. 친구들에게 규칙을 지키라고 말은 하되, 친구가 바뀌지 않는다고 해서 지나치게 스트레스 받지 말자.

계속 규칙을 어기면
너와 게임을 하고 싶지 않을 것 같아.
규칙을 지켜 줘.

알았어, 이제
규칙 지켜서 할게.

단호박의 꿀팁

단호하게 말하는 건 화를 내거나 짜증 내는 게 아니야. 차분한 말투로 눈에 힘을 주고 정확하게 내 생각을 말하자.

친구가 내 탓을 할 때

친구는 속상한 마음에 다른 사람 탓을 해서라도 마음이 더 편해지고 싶고 분풀이하고 싶은 거야. 하지만 다른 사람을 탓하는 건 좋은 행동이 아니야. 서로 남 탓만 한다면 즐겁고 편안한 마음으로 함께 지내기 어려울 거야.

 친구의 속상한 마음을 알아주면서도 네 잘못이 아니라고 확실하게 말해야 해. 그래야 나중에 내 마음이 억울하지 않아.

 친구가 내 탓을 하는 걸 그냥 받아 주면 다음에도 친구가 같은 행동을 반복할 수도 있어. '내 잘못이 아니야.', '내가 한 게 아니야.'라고 말하자.

속상하겠지만 내 잘못이 아니야. 네 팔에 부딪혀서 떨어진 거야.

필요하면 치우는 거 도와줄까?

사랑이의 꿀팁

만약 네가 도와줄 수 있는 상황이라면 "내가 도와줄까?"라고 덧붙일 수 있어.

나를 싫어하는 친구가 있을 때

같은 반 친구 모두에게 존중하는 마음을 가져야 해. 친한 친구가 아니어도 말이야. 싫어하는 마음까지는 어쩔 수 없지만, 싫은 티를 내는 건 그 친구의 잘못이야. 내 잘못이 아니야.

 특별한 이유 없이 나를 좋아하는 사람이 있고 괜히 나를 싫어하는 사람도 있어. 서로 다른 사람들이 어울려 살아가는데 모두가 너를 좋아한다는 게 더 이상한 일이야. 나를 싫어하는 친구가 있는 건 어찌 보면 당연한 일이란다.

 이럴 때는 무관심으로 대하는 게 최고야. '나를 싫어하든 말든 그건 그 친구 마음이지 내 마음이 아니야. 편한 마음으로 지내자.'라고 생각하는 게 좋아. 세상에 단 하나뿐인, 소중한 나에게 이런 말을 들려 줘.

누가 나를 싫어하든 말든
내가 내 편이 되어 주면 돼.
나는 내가 좋아!

단호박의 꿀팁

만약 뒤에서 내 험담을 한다면 그 친구에게 하지 말라고 말해야 해. 심한 경우 선생님에게 도움을 요청해.

친구가 내 비밀을
다른 친구에게 말했을 때

친구 사이에서 믿음은 중요해. 믿을 만한 친구라는 생각이 들면 더 깊은 관계가 될 수 있거든. 친구와 비밀을 서로 나누면 더 친해진 느낌이 들어. 그런데 내 비밀을 친구가 다른 친구에게 전했다면 배신감이 들 거야. 그 친구를 믿고 말한 거니까.

 친구는 내가 중요하게 생각하는 비밀인지 잘 몰랐을 수도 있어. 다른 친구가 알기 원하지 않는 비밀이라면 "이건 다른 친구에게 얘기하지 말아 줘."라고 확실하게 알리자.

 말하지 않으면 얼마나 서운해하는지 잘 모를 거야. 친구에게 내 마음을 솔직하게 전해 봐.

너를 믿고 비밀을 말한 건데
다른 친구에게 말해서 속상해.
더 이상 내 비밀을
말하지 않았으면 좋겠어.

총명이의 꿀팁

내 비밀을 다른 사람이 아는 걸 절대로 원하지 않는다면 부모님께만 말하거나 비밀 일기장에 써 봐.

친구가 내 말에 대답하지 않고
나를 피할 때

친구가 네 말에 대답하지 않고 메시지에도 답이 없을 때, 계속 피하는 것 같을 때 마음이 슬퍼져. 혹시 친구가 화가 난 건지, 나에 대해 오해하는 건 없는지 물어봐.

 내가 잘못한 부분이 있었다면 진심을 담아 미안하다고 말하자. 오해가 없는데도 친구가 나와 어울리고 싶지 않은 거라면 그냥 내버려 두자. 억지로 잡아 봤자 친구의 마음은 더 멀어질 거야. 이럴 땐 다른 친구나 가족에게 위로받는 게 나아. 그 친구와의 관계를 너무 고민하지 말고 관심을 다른 곳으로 돌려 보자.

혹시 나한테
화난 거 있니?
있다면 말해 줄래?

사실은….

총명이의 꿀팁
누구나 한 번쯤은 이런 일을 겪어. 나와 잘 맞는 친구를 찾는 과정이라고 생각해 보자.

친구에게 미안한 마음을
전하고 싶을 때

친구에게 실수했거나, 미안한 마음이 들었을 때는 바로 사과해야 해. '친구니까 괜찮겠지.'라고 넘기다가 오해와 미움이 쌓여서 사이가 멀어질 수도 있어. '미안해'와 '고마워', 이 두 가지 말만 잘해도 친구들과 사이좋게 지낼 수 있어.

 만약 사과할 타이밍을 놓쳤다면 나중에라도 빨리 미안하다고 말하자. 미안한 이유도 같이 말하는 게 좋아.

 웃으며 말하거나 장난치듯 말하면 친구는 진지하게 사과받는 기분이 들지 않을 거야. 미안한 표정으로, 진심을 담아 사과해야 해.

유리야, 지난번에
네 비밀을 말해서 미안해.
다음부터는 조심할게.

그래, 알았어.

사랑이의 꿀팁

사과한다고 해서 항상 친구의 마음이 바로 풀어지는 건 아냐. 친구의 마음이 충분히 풀릴 때까지 조용히 기다려 주자.

채소 쌤의
고민 상담실

@veggie_teacher · **구독자 3만 명 · 동영상 210개**
초등학생 친구들! 고민이 있다면 고민하지 말고 메일 보내 주세요.
veggie_teather@○○○.com

구독중 ∨

홈   동영상   Shorts   라이브   재생목록   게시물   🔍

채소연 선생님

안녕하세요. 〈채소 쌤의 고민 상담실〉에 찾아오신 여러분, 반갑습니다.

초등 친구들이 메일로 보내 준 고민 사연을 듣고 선생님과 친구들이 상담해 주는 시간을 가져 볼게요.

저는 오늘 여러분의 상담을 진행할 채소연 선생님, 줄여서 '채소 쌤'입니다. 여러분의 고민을 귀담아듣고 조금이라도 도움이 될 수 있도록 진심을 담아 답변해 드리겠습니다.

그리고 오늘 고민 상담을 도와줄 두 친구를 소개할게요. 때로는 또래 친구들이 같은 눈높이에서 해 주는 이야기가 더 도움이 될 수도 있기 때문이랍니다.

수아

안녕하세요. 윤수아입니다.

하진

안녕하세요. 문하진입니다. 반갑습니다.

대화를 도와주는 친구들도 나와 있어요!

쫑긋쫑긋 고민을 들어 주는 쫑긋이!

지혜롭게 문제를 해결할 총명이!

든든해!

나도 있어!

단짝 친구가 없어서 고민이에요

작년에는 단짝이 있어서 매일 깔깔대고 웃으며 즐겁게 학교생활을 했어요. 그런데 올해는 가끔 같이 노는 친구들은 있지만, 단짝이 없어서 고민이에요. 단짝이 있는 친구들이 부럽기도 하고요. 단짝이 없어도 되는 걸까요?

채소연 선생님

반에 단짝이 있으면 안심이 되기도 하죠. 특히, 여자 친구들이 단짝이 없다고 속상해하는 경우가 많아요. 그런데 단짝이 있다고 해서 꼭 친구 관계가 좋은 것도 아니고, 단짝이 없다고 해서 친구 관계가 나쁜 것도 아니에요. 단짝이 있든 없든 친구들과 자주 다투지 않고 나름대로 즐겁게, 여러분만의 학교생활을 꾸려 나가는 게 중요해요.

채소연 선생님

단짝이 생긴다고 해서 즐겁기만 한 것도 아니에요. 선생님이 교실에서 관찰해 보니까 단짝이 생겼다고 해서, 그 친구와 계속 사이가 좋지만은 않더라고요. 중간에 다른 친구랑 더 친해져서 멀어지기도 하고 친구가 전학을 가기도 하고요. 다퉈서 사이가 틀어지기도 해요. 그러니까 단짝이 없다고 해서 속상해하지 않아도 됩니다.

단짝이 필요하다고 생각하는 친구도 있고, 필요하지 않다고 생각하는 친구도 있어요. 단짝을 원한다면 마음에 드는 친구에게 먼저 다가가 보는 용기는 필요해요. 단짝이 꼭 필요한 것은 아니지만 초등학교 6년 동안 한번 경험해 보는 건 좋다고 생각해요. 진짜 마음이 통하는 절친은 중학생이나 고등학생쯤 되어야 생기는 경우가 많으니까 지금 너무 걱정할 필요 없지만요.

수아

저는 단짝에게 조금 집착해서 그 친구가 다른 친구와 친하면 질투하고 그랬는데요. 그 친구와 멀어졌을 때 너무 속상했어요. 물론 단짝과 함께 놀면서 정말 행복하고 즐거웠던 기억도 많습니다. 장점도 있고 단점도 있는 것 같아요.

하진

저는 단짝이 꼭 필요하다고 생각하지 않아요. 단짝이 없어도 친구들이랑 두루두루 친하게 지내고 딱히 사이 나쁜 친구도 없고요. 단짝하고만 놀면 오히려 다양한 친구들과 친하게 지낼 기회가 줄어들 수도 있을 것 같아요.

두루두루
친구를 사귀어 봐!

그룹에서 혼자만 겉도는 것 같아요

반에서 같이 다니는 친구가 저까지 다섯 명인데요. 둘씩 친하고 저만 별로 안 친한 것 같아요. 친구들이 저만 빼고 만난 적도 있고요. 이러다 그룹에서 떨어져 나가고 혼자가 될까 봐 걱정돼요.

채소연 선생님

반에서 셋에서 여섯 명 정도 무리가 형성되면서 여러 가지 갈등이 생겨요. 사연을 보내 준 친구처럼 소외감을 느끼기도 하고, 다섯 명이 한 그룹이었다가 다툰 후에 두세 명으로 나눠지기도 하죠! 그 안에서도 제일 친한 친구가 계속 바뀌요. 그 친구들과 계속 놀고 싶다면 더 친해지려고 노력해 보세요. 먼저 친구들이 나에게 다가와 주기를 기다리지 말고 한 명 한 명 일대일로 친해지는 게 좋아요.

채소연 선생님

친구에게 진심으로 관심을 가지고 마음을 여는 질문을 해 보세요. "나는 체육 시간을 좋아하는데 너는 어때?", "너는 어디 놀러 가는 걸 좋아해?"처럼 친구의 마음을 알 수 있는 질문을 하고 친구의 말을 즐겁게 들어 주세요. 대화가 계속 이어지고 더 친해질 수 있어요. 친구를 관찰하고 좋은 점을 칭찬해 주세요. 이렇게 한 명 한 명 마음을 나누면 친구들과 더 친해질 수 있답니다. '얘랑 같이 있으면 마음이 즐겁고 편하다.'라는 느낌이 들면서 친구가 나를 좋아하게 되지요.

수아

더 친해지려고 해 봤는데도 나만 빼고 친구들끼리 더 친한 것 같다는 생각이 든다면, 다른 친구를 찾아보세요. 저도 다섯 명이 친하게 지내다가 친구들과 맞지 않는다는 생각이 들었어요. 그룹에서 나와서 새로운 친구와 친해진 후 1년 동안 잘 지냈어요. 새로 친하게 지낼 친구를 찾을 때는 홀수로 노는 친구들이 좋아요. 한 명, 또는 세 명이 노는 친구들과 친해지면 짝이 맞으니까 더 친해지기 쉬워요. 이미 네 명이 친한 친구들 그룹에 새로 들어가는 건 조금 어려울 수도 있어요.

하진

저는 여러 명이 몰려다니는 게 피곤한 것 같아요. 축구, 게임처럼 여러 명이 하는 건 같이 하고, 나머지 시간은 무리에 속하지 않고 자유롭게 다니는 게 좋아요.

친구가 자꾸 저만 무시해요

반에서 한 친구가 다른 친구들한테는 안 그러는 것 같은데 저한테만 별명을 부르고 놀려요.
어떻게 해야 할까요?

채소연 선생님

친구가 사연 보낸 학생을 만만하게 보고 있네요. 친구끼리 서로 존중한다면 참
좋겠지만, 만만해 보이는 친구를 낮게 보고 무시하는 친구도 있어요. 이런 친구
에게는 만만해 보이지 않도록 따끔하게 한마디 해 주세요. 친구가 놀렸을 때 웃
지 말고 무표정으로 노려보면서, 낮은 목소리로 "하지 마라."라고 말하세요. 그
래도 멈추지 않으면 "한 번 더 놀리면 선생님께 말씀드릴 거야."라고 확실하게
전하세요. '얘는 건드리면 귀찮은 일이 생겨.'라는 인식을 심어 주면 친구들이
잘 괴롭히지 않아요.

채소연 선생님

평소 말할 때 우물쭈물하지 말고 확실하게 말을 끝맺으세요. 친구가 준비물을 자꾸 빌려 달라고 하는데 빌려주기 싫을 때는, "나도 써야 하는데……"처럼 말 끝을 흐리지 말고, "나도 써야 해서 빌려줄 수 없어."라고 단호하고 정확하게 말하는 거예요.

싫을 때는 싫다고 말할 줄 알아야 해요. 싫을 때 싫다고 말하지 못하는 것은 착한 게 아니라 자신을 아끼지 못하는 거예요. '거절할 땐 확실히 거절하는 친구', '장난칠 때 선을 넘으면 그냥 넘어가지 않는 친구'라는 인상을 주면 친구들이 함부로 대하지 않게 된답니다.

수아

저는 원래 모두가 친절하다고 좋아하는 친구였는데요. 무리한 부탁도 거절하지 못해서 저 혼자 속으로만 힘들었어요. 유튜브에서 유명한 박사님이 싫다고 말해야 할 때는 싫다고 말하라고, 안 되면 200번이라도 연습하라고 하셔서 집에서 많이 연습했어요. 놀리는 친구, 무리한 요구를 하는 친구에게 싫다고 말하게 된 후 학교생활이 더 편해졌어요. 그렇다고 친구 사이가 나빠진 것도 아니고요.

하진

저는 평소에는 잘 웃지만 화날 때는 진짜 무서워서 친구들이 이중인격이냐고 할 정도예요. 그래도 아닌 건 아니라고 말할 줄 알아야 한다고 생각해요.

듣고만 있으면
안 되는거 알지?
싫을 땐 싫다고 말하자!

친구와 친해지는 꿀팁 대방출!

안녕하세요, 채소 쌤입니다. 학년이 바뀌면서 친구들과 어떻게 친해져야 할지 고민하는 친구가 많은데요. 오늘은 친구와 친해지는 법을 함께 알아보겠습니다. 친구와 친해지는 '꿀팁'이 가득하니까 집중해 주세요.

채소연 선생님

친구와 친해지는 법 첫째! 웃으면서 인사하기

밝게 웃는 표정으로 먼저 인사하면 친구들이 나에게 호감이 생길 거예요. 친구들에게 웃으면서 먼저 인사해 보세요. 아침에 지각하면 헐레벌떡 교실에 들어가서 수업 준비를 하느라 인사할 시간도 없겠지요? 3월에는 일찍 자고 일찍 일어나서 10~20분 정도 일찍 등교해 보세요. 여유 있게 선생님과 친구들에게 인사하고 대화를 나누며 친해지는 시간을 가져 보세요.

수아

친구와 친해지는 법 둘째! 먼저 관심을 보이고 잘 들어 주기
친구가 마음을 꺼내 보일 수 있는 질문을 해 보세요. "나는 이거 좋아하는데 너는 어떤 놀이 좋아해?"처럼 말이지요. 친구는 관심받고 있다는 느낌이 들어서 기분이 좋아질 거예요. 친해지고 싶은 친구가 있다면 그 친구가 좋아하는 걸 주제로 말을 꺼내 보세요. 나만 아는 이야기보다는 친구들이 알 법한 주제가 좋아요. 게임, 인기 있는 캐릭터, 친구들 사이에서 유행하는 놀이, 음식, 아이돌, 인기 있는 노래 등 대화하기 편한 주제로 이야기를 나누세요. 이때 친구의 말에 귀 기울이고 즐겁게 들어 주는 게 중요해요. 친구는 마음을 나누는 사이예요. 마음을 여는 질문을 하고 답하며 더 친해질 수 있어요.

하진

친구와 친해지는 법 셋째! 같이 시간 보내자고 제안하기
"같이 화장실 갈래?", "슬라임 사러 문방구 갈 건데 같이 갈래?", "점심시간에 같이 놀래?"처럼 같이 시간을 보낼 수 있는 제안을 해 보세요. 단둘이 시간을 보내면 그 친구와 빠른 시간에 가까워져요.

안녕?
너 혹시 채소걸스
노래 좋아하니?

응! 좋아해!
나 춤도 출 수 있어!
어때?

나도 좋아해!
같이 추자!

채소연 선생님

친구와 친해지는 법 넷째! 친구의 질문에 단답형으로 대답하지 말기

먼저 말 걸어 주는 고마운 친구가 있다면 그 친구의 질문에 "응.", "아니."처럼 단답형으로 대답하지 마세요. 더 이상 대화가 이어지기 힘드니까요. 친구의 질문에 대답하고 나도 다시 질문을 해서 대화가 이어질 수 있도록 하세요. "어, 나는 그거 좋아해. 너도 좋아해?"처럼 질문해 보세요.

수아

친구와 친해지는 법 다섯째! '고마워'와 '미안해' 자주 말하기

인기 있는 친구의 공통점은 긍정적인 말을 잘하고 '고마워'와 '미안해'라는 말을 잘한다고 해요. 작은 일에도 감동하며 고마워하고 자신의 실수에 미안하다고 사과하는 친구라면 누구나 좋아할 거예요. 친한 친구를 사귀는 것만큼 반에서 적을 만들지 않는 것도 중요해요. 친구와 사이가 나빠지면 그 친구와 나중에라도 친해지는 기회가 사라지거든요. '고마워'와 '미안해'를 적절하게 말한다면 같은 반 친구와 싸울 일이 없어요.

하진

친구와 친해지는 법 여섯째! 편견 가지지 않기

"얘는 이래서 싫고 쟤는 저래서 싫어. 이 친구는 작년에 친구들이 싫어했대."라고 부모님께 불평하고 있지는 않나요? 어떤 친구는 목소리가 커서 싫고 어떤 친구는 장난을 많이 쳐서 싫고……. 이 친구 저 친구, 한 명씩 한 명씩 'X 표'를 하고 나면 친하게 지낼 진구가 한 명도 없을 거예요. 친구에게 미리 편견을 가지지 마세요. 알고 보면 좋은 친구인 경우가 더 많아요. 친구의 안 좋은 점만 보이고 반에서 친하게 지내고 싶은 친구가 한 명도 없다면, 내가 너무 까다롭게 친구들을 판단하는 건 아닌지 되돌아보세요.

채소연 선생님

학기 초에 친구들의 관심을 끄려고 거친 말이나 행동, 짓궂은 농담을 하는 친구들이 있어요. 튀는 행동으로 주목을 받는 건 잠시뿐이에요. 선생님이 관찰한 결과, 처음부터 눈에 띄지는 않아도 2학기 때 인기 있는 친구들이 진짜 친구들이 좋아하는 친구더라고요. 이 친구들은 친구에게 따뜻한 관심을 보여 주고 친구를 존중할 줄 알아요.

친구들에게 인기가 많은 것보다 중요한 건 마음이 맞는 친구와 잘 지내는 거예요. 마음이 잘 통하는 친구, 좋은 친구를 사귀는 가장 좋은 방법은 내가 먼저 좋은 친구가 되어 주는 거예요. 좋은 친구가 되고 좋은 친구를 사귀는, 여러분의 즐거운 학교생활을 응원해요.

친구들 모두
잘 하고 있어요!

대화하기 싫은 친구 베스트 3

안녕하세요, 채소 쌤입니다. 대화하기 싫은 친구랑 이야기하면 힘이 빠져요. 별로 친하게 지내고 싶지 않은 기분이 들어요. 대화하기 싫은 친구 유형을 살펴보고 이것만은 하지 않도록 주의하세요.

수아

안녕하세요. 여러분은 대화하기 싫은 친구가 있나요?

하진

혹시 내가 그런 친구인건 아닌지 걱정된다고요? 같이 한번 살펴볼까요?

채소연 선생님

대화하기 싫은 친구 3위, 입만 열면 잘난 척하는 친구

초등학생들을 대상으로 한 설문 조사에 따르면 싫어하는 친구 유형에 항상 '잘난 체하는 친구'가 있습니다. 입만 열면 자기 자랑을 늘어놓는 친구라면 별로 대화하고 싶지 않겠지요? 잘난 체하고 싶어도 꾹 참고 집에 가서 부모님께 합시다.

수아

대화하기 싫은 친구 2위, 부정적인 말만 하는 친구

무슨 말을 해도 "아니, 그거 별로.", "나는 싫은데?"라고 말하는 친구가 있어요. 다 싫다고 해서 그럼 너는 뭐 하고 싶냐고 물어보면 "글쎄, 모르겠는데."라고 대답해요. 이런 친구와는 같이 놀고 싶지 않아요. 긍정적인 말, 좋은 말을 하는 친구가 좋아요.

대화하기 싫은 친구 1위, 자기 말만 하는 친구

자기 말만 하는 친구와 이야기하면 점점 지쳐요. 중간에 내가 말 좀 하려고 하면 내 말을 끊고 다시 자기 이야기만 하는 친구. 정말 대화하기 싫습니다. 이런 친구들은 보통 눈치도 없어서 자기 혼자만 이야기하고 친구 말에 끼어들고 있다는 것도 잘 몰라요. 만약 친구와 대화할 때 내가 말하는 비율이 80퍼센트 이상 차지하고 있다면 잠시 멈추세요. 친구에게 말할 기회를 주세요. 제일 좋은 대화 비율은 친구 반, 나 반 이렇게 비슷하게 이야기하는 거예요.

채소연 선생님

지금까지 대화하기 싫은 친구 유형을 알아봤어요. 정리하면, 잘난 척하는 친구, 부정적인 말만 하는 친구, 자기 말만 하는 친구입니다. 친구에게 자랑만 하지 말고, 부정적인 말보다는 긍정적인 말을 자주 하고, 자기 말만 하거나 친구 말에 끼어들지 않도록 조심하도록 해요. 서로 존중하고 즐겁게 대화 나누며 친구들과 좋은 우정 만들어 가기를 바랍니다.

채소연 선생님

〈채소 쌤의 고민 상담실〉, 오늘은 친구 관계 특집으로 이야기 나누었습니다. 오늘 내용이 도움이 됐다면 구독과 좋아요, 알림 설정 부탁드려요.

하진

다음에 더 알찬 내용을 가지고 돌아올게요! 친구들 모두, 안녕!

다음에
또 만나!